O MELHOR DO KARATÊ — 4

Kumite 2

M. Nakayama

O MELHOR DO KARATÊ — 4

Kumite 2

Tradução:
EUCLIDES L. CALLONI

Editora
Cultrix
SÃO PAULO

Título original: *Best Karate 4 – Kumite 2*.

Copyright © 1979 Kodansha International Ltd.

Copyright da edição brasileira © 1998 Editora Pensamento-Cultrix Ltda.

Publicado mediante acordo com Kodansha International Ltd.

1ª edição 1998.
6ª reimpressão 2022.

Todos os direitos reservados. Nenhuma parte deste livro pode ser reproduzida ou usada de qualquer forma ou por qualquer meio, eletrônico ou mecânico, inclusive fotocópias, gravações ou sistema de armazenamento em banco de dados, sem permissão por escrito exceto nos casos de trechos curtos citados em resenhas críticas ou artigos de revistas.

Direitos de tradução para a língua portuguesa adquiridos com exclusividade pela
EDITORA PENSAMENTO-CULTRIX LTDA., que se reserva a
propriedade literária desta tradução.
Rua Dr. Mário Vicente, 368 – 04270-000 – São Paulo, SP – Fone: (11) 2066-9000
http://www.editoracultrix.com.br
E-mail: atendimento@editoracultrix.com.br
Foi feito o depósito legal.

Impresso por : Graphium gráfica e editora

SUMÁRIO

Introdução. 9
O que é o Karatê-dō 11
Kumite 15
    Significado, Tipos, Objetivos; Preparação para o Combate:
    Compreensão do Treinamento, Aproveitamento das
    Oportunidades ao Máximo, Ataque, Ritmo
Kuzushi, Varredura de Pernas. 27
Técnicas de Mudança 41
Chute Incisivo 59
Respostas 75
    Resposta ao Soco e ao Chute
Técnica da Última Oportunidade 87
Técnicas Contínuas 103
Kime de Bloqueio 119
Glossário. 144

Dedicado
ao meu mestre
GICHIN FUNAKOSHI
e a
MINORU MIYATA

INTRODUÇÃO

A última década assistiu a uma crescente popularidade do karatê-dō em todo o mundo. Entre os que foram atraídos por ele encontram-se estudantes e professores universitários, artistas, homens de negócios e funcionários públicos. O karatê passou a ser praticado por policiais e por membros das Forças Armadas do Japão. Em muitas universidades, tornou-se disciplina obrigatória, e o número das que estão adotando essa medida cresce a cada ano.

Com o aumento da sua popularidade, têm surgido certas interpretações e atuações desastrosas e lamentáveis. Primeiro, o karatê foi confundido com o chamado boxe de estilo chinês, e sua relação com o *Te* de Okinawa, que lhe deu origem, não foi devidamente entendida. Há também pessoas que passaram a vê-lo como um mero espetáculo, no qual dois homens se atacam selvagemente, ou em que os competidores se golpeiam como se estivessem numa espécie de luta na qual são usados os pés, ou em que um homem se exibe quebrando tijolos ou outros objetos duros com a cabeça, com as mãos ou com os pés.

É lamentável que o karatê seja praticado apenas como uma técnica de luta. As técnicas básicas foram desenvolvidas e aperfeiçoadas em longos anos de estudo e de prática; mas, para se fazer um uso eficaz dessas técnicas, é preciso reconhecer o aspecto espiritual dessa arte de defesa pessoal e dar-lhe a devida importância. É gratificante para mim constatar que existem aqueles que entendem isso, que sabem que o karatê-dō é uma verdadeira arte marcial do Oriente, e que treinam com a atitude apropriada.

Ser capaz de infligir danos devastadores no adversário com um soco ou com um único chute tem sido, de fato, o objetivo dessa antiga arte marcial de origem okinawana. Mas mesmo os praticantes de antigamente colocavam maior ênfase no aspecto espiritual da arte do que nas técnicas. Treinar significa treinar o corpo e o espírito e, acima de tudo, a pessoa deve tratar o adversário com cortesia e a devida etiqueta. Não basta lutar com toda a força pessoal; o verdadeiro objetivo do karatê-dō é lutar em nome da justiça.

Gichin Funakoshi, um grande mestre do karatê-dō, observou repetidas vezes que o propósito máximo da prática dessa arte é o cultivo de um espírito sublime, de um espírito de humildade. E, ao mesmo tempo, desenvolver uma força capaz de destruir um animal selvagem enfurecido com um único golpe. Só é possível tornar-se um verdadeiro adepto do karatê-dō quando se atinge a perfeição nesses dois aspectos: o espiritual e o físico.

O karatê como arte de defesa pessoal e como meio de melhorar e manter a saúde existe há muito tempo. Nos últimos vinte anos uma nova atividade ligada a essa arte marcial está sendo cultivada com êxito: o *karatê como esporte*.

No karatê como esporte são realizadas competições com o propósito de determinar a habilidade dos participantes. Isso precisa ser enfatizado, porque também aqui há motivos para se lastimar. Há uma tendência a pôr demasiada ênfase no fato de vencer as competições, negligenciando a prática de técnicas fundamentais, preferindo em vez disso praticar o jiyū kumite na primeira oportunidade.

A ênfase no fato de vencer as competições não pode deixar de alterar as técnicas fundamentais que a pessoa usa e a prática na qual ela se envolve. E, como se isso não bastasse, o resultado será a incapacidade de se executar uma técnica poderosa e eficaz, que é, afinal, a característica peculiar do karatê-dō. O homem que começar a praticar prematuramente o jiyū kumite — sem ter praticado suficientemente as técnicas fundamentais — logo será surpreendido por um oponente que treinou as técnicas básicas longa e diligentemente. É simplesmente uma questão de comprovar o que afirma o velho ditado: a pressa é inimiga da perfeição. Não há outra maneira de aprender, a não ser praticando as técnicas e movimentos básicos, passo a passo, estágio por estágio.

Se é para realizar competições de karatê, que sejam organizadas em condições e no espírito adequado. O desejo de vencer uma disputa é contraproducente, uma vez que leva a uma falta de seriedade no aprendizado dos fundamentos. Além disso, ter como objetivo uma exibição selvagem de força e vigor numa disputa é algo totalmente indesejável. Quando isso acontece, a cortesia para com o adversário é esquecida e esta é de importância fundamental em qualquer modalidade do karatê. Acredito que essa questão merece muita reflexão e cuidado, tanto da parte dos instrutores como da parte dos estudantes.

Para explicar os numerosos e complexos movimentos do corpo, é meu desejo oferecer um livro inteiramente ilustrado, com um texto atualizado, baseado na experiência que adquiri com essa arte ao longo de um período de 46 anos. Esse desejo está sendo realizado com a publicação desta série, *O Melhor do Karatê*, em que meus primeiros escritos foram totalmente revistos com a ajuda e o estímulo de meus leitores. Esta nova série explica em detalhes o que é o karatê-dō, numa linguagem que, se espera, seja a mais simples possível, e espero sinceramente que seja de ajuda aos adeptos dessa arte. Espero também que os karatecas de muitos países consigam se entender melhor depois da leitura desta série de livros.

O QUE É O KARATÊ-DŌ

O objetivo principal do karatê-dō não é decidir quem é o vencedor e quem é o vencido. O karatê-dō é uma arte marcial para o desenvolvimento do caráter através do treinamento, para que o karateca possa superar quaisquer obstáculos, palpáveis ou não.

O karatê-dō é uma arte de defesa pessoal praticado de mãos vazias; nele braços e pernas são treinados sistematicamente e um inimigo, que ataque de surpresa, pode ser controlado por uma demonstração de força igual à que faz uso de armas.

A prática do karatê-dō faz com que a pessoa domine todos os movimentos do corpo, como flexões, saltos e balanço, aprendendo a movimentar os membros e o corpo para trás e para a frente, para a esquerda e para a direita, para cima e para baixo, de um modo livre e uniforme.

As técnicas do karatê-dō são bem controladas de acordo com a força de vontade do karateca e são dirigidas para o alvo de maneira precisa e espontânea.

A essência das técnicas do karatê-dō é o *kime*. O propósito do *kime* é fazer um ataque explosivo ao alvo usando a técnica apropriada e o máximo de força, no menor tempo possível. (Antigamente, usava-se a expressão *ikken hissatsu*, que significa "matar com um golpe", mas concluir disso que matar seja o objetivo dessa técnica é tão perigoso quanto incorreto. É preciso lembrar que o karateca de outrora podia praticar o *kime* diariamente e com uma seriedade absoluta usando o makiwara.)

O *kime* pode ser realizado por golpes, socos ou chutes, mas também pelo bloqueio. Uma técnica sem *kime* jamais pode ser considerada um verdadeiro karatê, por maior que seja a semelhança. A disputa não é uma exceção, embora seja contrário às regras estabelecer contato por causa do perigo envolvido.

Sun-dome significa interromper a técnica imediatamente antes de estabelecer contato com o alvo (um *sun* equivale a cerca de três centímetros). Mas excluir o *kime* de uma técnica descaracteriza o verdadeiro karatê, de modo que o problema é como conciliar a contradição entre *kime* e *sundome*. A resposta é a seguinte: determine o alvo levemente à frente do ponto vital do adversário. Ele pode então ser atingido de uma maneira controlada com o máximo de força, sem que haja contato.

O treino transforma as várias partes do corpo em armas, que podem ser usadas de modo livre e eficaz. A qualidade necessária para se conseguir isso é o autocontrole. Para tornar-se um vencedor, a pessoa antes precisa vencer a si mesma.

Organização dos Volumes 3 e 4

Os volumes 3 e 4 da série *O Melhor do Karatê* apresentam um conjunto de técnicas, táticas e estratégias aplicáveis ao treinamento em kumite. Elas estão organizadas por capítulo de modo a oferecer orientações para o aperfeiçoamento do principiante. Fiz uso de um grande número de fotografias e de poucas palavras. Espero que vocês estudem ambas com atenção e treinem com diligência.

As técnicas usadas no kumite são demonstradas por instrutores da Associação Japonesa de Karatê, nesta seqüência:

Volume 3:

Sen no Sen	Takeshi Ōishi, Shunsuke Takahashi
Go no Sen	Norihiko Iida, Yoshiharu Ōsaka
Tipos de Chutes	Masaaki Ueki, Mikio Yahara
Golpes em Combate de Perto	Keigo Abe, Mikio Yahara
Chutes em Combate de Perto	Katsunori Tsuyama, Eishige Matsukura
Rotação, Tai-sabaki, Arremesso ao Chão	Tetsuhiko Asai, Yoshiharu Ōsaka
Ataque em Dois Níveis	Hirokazu Kanazawa, Yoshiharu Ōsaka

Este volume:

Kuzushi, Varredura de Perna	Keinosuke Enoeda, Fujikiyo Ōmura
Técnicas de Mudança	Toru Yamaguchi, Yoshiki Satō
Chute Incisivo	Masahiko Tanaka, Masao Kawazoe
Resposta a Soco ou Chute	Masao Kawazoe, Yoshiharu Ōsaka
Técnica da Última Oportunidade	Mikio Yahara, Takashi Naito
Técnicas Contínuas	Hiroshi Shōji, Toru Yamaguchi
Kime de Bloqueio	Masatoshi Nakayama, Yoshiharu Ōsaka

Para ajudar o karateca a compreender o espírito e a atitude mental das artes marciais, inserimos excertos de:

Heihōka densho, de Yagyū Munenori
Gorin no sho, de Miyamoto Musashi
Ittōsai sensei kempō sho, de Kotōda Yahei

1
KUMITE

SIGNIFICADO E TIPOS

O Significado do Kumite

O kumite é um método de treinamento em que se aplicam na prática as técnicas de ataque e a defesa aprendidas no kata. Nesse treinamento, os oponentes se encontram frente a frente.

Nunca se enfatizará suficientemente a importância do kata para o kumite. Se as técnicas do kata forem executadas sem naturalidade ou de maneira forçada, a postura será desajeitada. E se essas técnicas forem aplicadas de modo confuso, o kumite não se aperfeiçoará. Em outras palavras, o aperfeiçoamento no kumite depende diretamente do progresso no kata; os dois andam juntos como a mão e a luva. É um erro enfatizar um em detrimento do outro. Durante a prática do kumite, deve-se ter isso em mente.

Tipos de Kumite

Há três tipos de kumite: o kumite básico, o jiyū ippon kumite e o jiyū kumite.

Kumite básico

Nessa forma de kumite, a mais elementar, os oponentes, depois de combinarem o alvo, determinam a distância um do outro. Em seguida, praticam o ataque e a defesa, alternadamente. Isso pode ser feito por meio de um único ataque e bloqueio *ippon kumite* — ou de uma série de cinco — *gohon kumite* (ou de três, *sambon kumite*). (Ver. Vol. 1, pp. 112-20.)

Jiyū ippon kumite e jiyū kumite

O falecido Minoru Miyata foi meu companheiro de classe e meu colega desde a fundação da Associação Japonesa de Karatê. Graças aos seus longos anos de experiência, ele tinha uma visão muito precisa do jiyū ippon kumite e do jiyū kumite. Por ser um homem cujas habilidades foram profundamente admiradas e em quem eu tinha grande confiança, eu gostaria de citá-lo a respeito desse assunto.

O método jiyū ippon kumite se resume no seguinte: os dois parceiros escolhem um *kamae* e ficam a uma determinada distância um do outro. [*Kamae*, postura, especificamente as do tronco e dos braços.] Depois de anunciar o seu alvo, o atacante arremete decididamente.

Para se defender, o oponente bloqueia, usando as técnicas que preferir, e contra-ataca imediatamente. Esse é um método de treinamento cujo objetivo é pôr realmente em prática as técnicas de ataque e defesa. Trata-se do *jissen* (luta real) kumite.

Desse modo, o atacante, dosando *maai* e *kokyū* (respiração), simulando ataques e usando outros estratagemas, tira vantagem de todas as aberturas e, agindo sempre no momento oportuno, desenvolve sua força de ataque. O bloqueador, avançando, recuando ou executando *tai-sabaki* para a esquerda ou para a direita, executa sua técnica em todas as direções, e contra-ataca. Por conter métodos de ataque e defesa em todas as direções, *kokyū, maai, tai-sabaki*, com deslocamento do centro de gravidade, e bloqueio ou finalização num só fôlego, o jiyū ippon kumite é um método extremamente importante para se desenvolver técnicas.

Eis um modo de considerar o jiyū ippon kumite: se, depois de atacar, o carateca engana o bloqueador e continua atacando, ou se ele ataca sem anunciar sua intenção, desviando o contra-ataque do bloqueador contra este, esse método de treinamento se transformará em jiyū kumite. Essa etapa preliminar para o jiyū kumite requer grande habilidade, por isso ela não é recomendada para principiantes, cujas técnicas não serão executadas com perfeição e por isso se mostrarão ineficazes. Só o praticante experiente saberá tirar proveito desse método para cultivar a verdadeira visão, o sexto sentido do ataque e da defesa. (Ver Vol. 2, p. 101.)

Ultimamente, a tendência é passar para o jiyū kumite prematuramente; e o resultado dessa impaciência — *kime* sem força ou vigor — pode ser observado com muita freqüência; falta aos participantes dos combates treinamento suficiente nos fundamentos e no kata. Essa precipitação é um erro; mas, apesar disso, creio que ela está tomando vulto. Para se conter essa tendência, em vez de se adotar o jiyū ippon kumite como etapa preliminar ao jiyū kumite, é da mais absoluta necessidade, antes de mais nada, conhecer profundamente cada uma das técnicas por meio de um treinamento correto e, ao mesmo tempo, dominar *maai, kokyū, tai-sabaki* e assim por diante. Assim, o ippon kumite pode ser a porta de entrada para o jiyū kumite.

O judô tem o seu *randori*, o karatê-dō tem o seu jiyū kumite, em que os parceiros não fazem nenhuma combinação anterior. Várias técnicas e alvos são proibidos. Respeitados estes, o karatê é uma forma livre de *jissen*.

Desde a Antigüidade, quando as técnicas eram secretas e praticadas individualmente, os kata constituíam a essência do treinamento e alcançavam um nível de significação extremamente elevado. Nos

17

dias de hoje, o treinamento do karatê-dō também é feito por meio de kata. Quanto ao kumite, o kumite básico com preordenação de técnicas foi uma forma de treinamento desde tempos relativamente antigos; mas o jiyū kumite só foi adotado quando o karatê começou a ser praticado nas universidades e em outros lugares, no fim da década de 20. A prática por meio do gohon kumite ganhou impulso, o que levou à difusão do *shizen* (natural) kumite e do *jiyū* (livre) kumite. O jiyū kumite apareceu oficialmente pela primeira vez numa demonstração pública em 1936, quando se realizou um torneio para comemorar a fundação da Federação Japonesa dos Alunos de Karatê-dō. Comparado ao judô e ao kendô, sua oficialização foi tardia e, com o inevitável desenvolvimento do karatê como esporte, uma pesquisa mais profunda sobre o jiyū kumite ainda precisa ser realizada.

No treinamento do jiyū kumite são essenciais os seguintes elementos: *kamaekata, tachikata, me no tsukekata, maai* e *waza o hodokosu kōki*.

1. *Kamaekata*, postura, especificamente da parte superior do corpo

O kamaekata correto deve permitir o movimento de ataque e defesa em qualquer direção. Com o tronco em *hanmi*, fique ereto, mas mantendo os quadris ligeiramente abaixados. Mantenha a cabeça na posição correta, sem incliná-la para cima ou para baixo, nem para os lados. O braço que está na frente, ligeiramente flexionado e protegendo a lateral do corpo, deve apontar para um alvo situado entre o nariz e o lábio superior do oponente. O braço que fica atrás deve estar flexionado e próximo ao plexo solar. Nesse momento evite aplicar uma força desnecessária nos cotovelos e na boca do estômago. Essa é a postura de prontidão, em que o centro de gravidade está em sua posição natural.

2. *Tachikata*, posição

Mantenha o corpo leve, com os pés voltados ligeiramente para dentro e um pouco mais próximos do que na postura frontal ou na postura imóvel. Dobre um pouco os joelhos e distribua o peso do corpo igualmente entre as duas pernas. A força deve se concentrar na sola e nos dedos dos pés, mas os calcanhares devem estar afastados do chão, à distância da espessura de uma folha de papel. Continue a manter o corpo leve e a mente serena.

3. *Me no tsukekata*, fixação do olhar

Se você fixar o olhar no rosto do oponente, perderá a visão de outras coisas. Se você voltar os olhos para o chute dele, não verá a parte superior do corpo do adversário. Você precisa ter uma visão total do seu parceiro, desde o topo da cabeça até os dedos dos pés.

Para avaliar claramente o adversário à sua frente, fixe seus olhos num ponto distante além deles.

4. *Maai*, distância

Quando você está frente a frente com um adversário, o fator de maior importância na estratégia da luta é a distância. Na prática, *maai* é a distância a partir da qual o atacante pode avançar um passo e desferir um soco ou um chute decisivo; inversamente, é a distância a partir da qual aquele que se defende pode recuar um passo e se proteger de um ataque.

O *maai* pode ser maior ou menor de acordo com o físico e a técnica do praticante, mas, em termos ideais, significa manter o oponente afastado de você e estar próximo dele. O distanciamento desempenha um papel fundamental na decisão final pela vitória ou pela derrota e por isso é muito importante estudar e dominar o *maai* mais vantajoso.

5. *Waza o hodokosu kōki*, o momento psicológico para executar uma técnica

Quer no ataque em que o praticante toma a iniciativa antes [*sen no sen*], quer naquela em que toma a iniciativa depois [*go no sen*], a execução de uma técnica só será eficaz se ao menos ele tirar proveito de uma abertura. Existem três tipos de abertura: a abertura mental, a abertura no *kamae* e a abertura que ocorre durante um movimento. As considerações a seguir se referem a esse último tipo.

A. No início da técnica do oponente. Quando este, ao perceber uma abertura, inicia seu movimento, de forma direta e instantânea, no momento exato em que o adversário ataca. A mente do adversário estará no ataque que ele está prestes a desferir e assim sua defesa estará enfraquecida. Nesse breve instante pode facilmente surgir uma abertura.

B. Durante o ataque do oponente. Ataque enquanto você é atacado, ou no momento em que, ao bloquear um ataque contínuo, perceber que os objetivos estratégicos do oponente já se esgotaram e ele parou de aplicar sua técnica.

C. Quando a mente do oponente está imóvel. Nas artes marciais, o praticante recebe advertências rigorosas para que não vacile, não fique em dúvida, nem deixe que o adversário o pegue de surpresa. Na iminência de um chute ou de um soco, se você for assaltado pela dúvida ou se titubear diante do ímpeto do oponente, você vacilará no momento de desferir o ataque, o corpo se enrijecerá e uma abertura mental ocorrerá. Nesse instante a possibilidade de um ataque repentino é grande.

D. Crie uma abertura. Quando não houver abertura de nenhuma

natureza, você pode lançar mão de um artifício para distrair o oponente. Por exemplo, um movimento diversivo do pé pode atrair a atenção do oponente para baixo, dando oportunidade para um ataque na parte superior do corpo. Há muitas maneiras de se distrair a atenção do oponente com a mão ou com o pé, mas se isso for feito de maneira inábil o adversário poderá descobrir uma abertura. Na prática, é preciso manter um perfeito controle da própria força, e dar socos e chutes com profunda seriedade. Um modo de fazer isso é executar técnicas contínuas, que não dêem oportunidade para um contra-ataque. No momento em que a postura do oponente se desfaz criando uma abertura, desfira um ataque instantâneo e decisivo.

Os pontos acima devem ser estudados com muita atenção durante a prática do jiyū kumite. Apesar de me repetir, reafirmo que no jiyū kumite, as técnicas podem se confundir. Portanto, o treinamento deve ser coordenado com os kata, com o jiyū ippon kumite, etc., tendo em mente que, antes de tudo, é preciso conhecer muito bem os fundamentos do karatê e dominar suas técnicas mais eficazes.

Os Objetivos do Treinamento

No treinamento, o estudante pratica cada tipo de kumite de acordo com seu próprio nível de aperfeiçoamento. Faz-se necessário, portanto, entender perfeitamente as diferentes características dos diversos tipos de kumite e ter os objetivos de cada um deles bem presentes no momento da prática.

Gohon kumite (ou sambon kumite)

1. O objetivo aqui é tornar-se hábil no uso das técnicas formais e fundamentais de ataque e defesa. Isso significa aprender e aperfeiçoar socos, chutes e bloqueios precisos e exercitar os movimentos fundamentais das pernas (*unsoku*).

2. Os estudantes mais experientes devem também dominar o bloqueio, o *tai-sabaki* e o ataque com a rapidez do raio.

Kihon ipoon

1. Adquirir a habilidade de contra-atacar impetuosamente usando as técnicas básicas.

2. Aprender a relação entre bloqueio e técnica decisiva.

3. Aprender a usar o *maai* fixo, a distância em que um ataque pode ser desferido e a distância em que um bloqueio pode se tornar um contra-ataque decisivo.

4. Com relação à distância e à postura no instante do bloqueio, desenvolver o julgamento instantâneo para contra-atacar rapidamente escolhendo a técnica decisiva apropriada (*kime-waza*).

5. Adquirir uma noção perfeita do momento oportuno para se fazer bloqueio, o que significa perceber claramente as intenções do oponente por meio dos movimentos dele, esperar até o último momento possível e bloquear rápida e instantaneamente.

6. Ao bloquear, aprender a usar as várias posturas com eficiência.

Jiyū ippon

1. Este é o estágio transitório que precede o jiyū kumite, e por isso os objetivos maiores do karatê-dō — *goshin* (autodefesa) e *jissen* (combate real) — devem ser compreendidos com clareza e o treinamento deve ser extremamente sério.

2. Seguindo critérios pessoais para tomar a distância adequada, o jiyū ippon consiste em atacar e defender de maneira prática. Adquira a destreza de bloquear decisivamente de um só fôlego (*ichibyōshi*).

3. Aprender a aproveitar de modo eficaz as oportunidades, embora elas ocorram uma vez só.

4. Dominar os métodos do contra-ataque eficaz, das técnicas decisivas fortes, das técnicas de mudança, dos movimentos de pernas e do *tai-sabaki*.

Jiyū kumite

1. Pesquisar e tornar-se hábil em fatores como obter vantagem do *maai*, que muda infinitamente; levar o oponente a um *maai* que lhe seja desfavorável e surpreendê-lo no momento mesmo em que desfere seu ataque.

2. Aprender *kake* e *kuzushi*.

3. Estudar as maneiras e aproveitar as oportunidades.

4. Praticar as técnicas de mudança e as técnicas contínuas.

5. Desvendar o segredo de como transformar a defesa em ataque.

6. Estudar o modo de tomar a iniciativa depois (*go no sen*, ver Vol. 3).

7. Estudar o modo de tomar a iniciativa antes (*sen no sen*, ver Vol. 3).

8. Aprender a avaliar as situações; por exemplo, reconhecer as situações em que o oponente está preparado ou despreparado, distinguir a verdade da falsidade.

9. Estudar as técnicas contínuas e o *tai-sabaki*.

10. Exigir o máximo de si mesmo. Dedicar-se com determinação e seriedade ao estudo e ao treinamento.

PREPARAÇÃO PARA O COMBATE

Compreensão do Treinamento

Os que dominavam o espírito do budō (artes marciais) transmitiram certos princípios secretos às gerações que lhes sucederam. Apresento aqui uma seleção desses escritos, que servem como um guia para o treinamento no kumite. Não é objetivo único desses escritos sua aplicação prática para decidir a questão da vitória ou da derrota; por meio deles o praticante pode entrar em contato com o espírito das artes marciais e julgar a si mesmo. Resta então praticar o karatê-dō com freqüência e tenacidade.

Keiko no mokuteki   *O objetivo do treinamento*

O objetivo primordial do treinamento é adaptar perfeitamente o corpo às técnicas básicas. Como resultado dessa adaptação, será possível executar, num combate real, as técnicas e os movimentos precisos sem um esforço consciente.

Yagyū Munenori, *Heihōka densho*

Tatakai no Yōtei   Pontos Fundamentais do Combate

Kokoro wa karada ni tsurezu   *Mente e corpo: nenhum deles deve*
karada wa kokoro ni tsurezu   *ser conduzido pelo outro*

Na vida diária ou em combate, a mente não deve se distrair com absolutamente nada. A atenção deve ser mantida sempre, e nem uma posição deve ser tomada com descuido. A mente deve estar francamente aberta e julgar sem desvios. Cuide para que a mente não se fixe num único ponto, mas vagueie tranqüilamente sobre todas as coisas.

Quando o corpo está tranqüilo, a mente não deve ficar em repouso; quando o corpo se move com todo o seu vigor, a mente deve estar serena. A mente não deve ser arrastada pelo corpo. O corpo não deve ser arrastado pela mente. Sempre, mesmo ao tomar uma posição com cautela, mova o corpo com convicção.

Ao enriquecer a mente, não deixe que pensamentos ociosos nela permaneçam. E ao mesmo tempo que sua aparência externa parece maleável, é imperativo que, no seu íntimo mais profundo, você seja forte e nunca deixe que os outros perscrutem suas reais intenções.

Miyamoto Musashi, *Gorin no sho*

I o motte teki ni gasshi   *Enfrente o inimigo com dignidade,*
sei o motte teki ni katsu   *derrote-o com força*

Quaisquer que sejam as circunstâncias, a dignidade não muda. Preparar-se correta e destemidamente, sem ceder aos movimentos do inimigo — a isso se dá o nome de dignidade. O inimigo pode ser subjugado sem que você se mova.

Dominar o inimigo com os movimentos que você executa é força. Na calma da dignidade estão ocultos milhares de mudanças. O movimento da força pode bater-se com dezenas de milhares de mudanças. Na essência, dignidade e força são uma coisa só.

Kotōda Yahei, *Ittōsai sensei kempō sho*

Teki ni yotte tenka seyo   *O enfrentamento do inimigo*

Torne suas as técnicas e táticas que o inimigo está tentando usar. Força contra força, flexibilidade contra flexibilidade. Se ele atacar; bloqueie; se ele bloquear, solte-se. Diz-se que nas reações que cedem à vantagem do inimigo existem mudanças infinitas.

Responda às táticas de um ataque regular com um ataque regular, de um ataque de surpresa com um ataque de surpresa. Mesmo que você possa lutar com táticas regulares arrojadas, lance mão do fator surpresa. Ou simule um ataque de surpresa e aplique uma tática regular.

Esta visão se opõe ao que tem sido descrito como a maneira comum de lutar: se os métodos do inimigo forem formais, use o fator surpresa; se ele atacar de surpresa, responda com métodos formais. O segredo da surpresa em contraposição aos métodos formais e a relação entre ambos é sem dúvida um dos aspectos sutis do combate.

Kotōda Yahei, *Ittōsai sensei kempō sho*

Kamae   Postura

Kamayuru to omowazu kiru   *Sem pensar em kamae,*
koto nari to omoubeshi   *pense em cortar*

Tem-se afirmado que o segredo da arte da guerra é a perfeição do *chūdan-gamae*. Ou que é melhor assumir uma das cinco posturas — *jōdan*, *chūdan*, *gedan*, *migi waki* [lado direito], *hidari waki* [lado esquerdo] — de acordo com o momento e o adversário.

Enquanto as posturas podem ser divididas em cinco, o objetivo é um só. Qualquer que seja a postura, assumi-la não é um objetivo em si mesmo; o propósito é deter o adversário. Bloquear a espada do inimigo, bater, golpear, detê-lo, são todos meios para se alcançar esse fim. Os meios e o fim não devem ser confundidos.

Miyamoto Musashi, *Gorin no sho*

Kamae atte kamae nashi　　　*Kamae: ela existe, ela não existe*
Baixe ligeiramente um *jōdan-gamae* e ele se transforma em *chūdan*. Eleve ligeiramente um *chūdan* em resposta a uma necessidade e ele se torna *jōdan*. Eleve ligeiramente um *gedan*, de acordo com as circunstâncias, e ele se transforma em *chūdan*. Se as circunstâncias assim exigirem, voltar-se ligeiramente para o centro transforma *migi waki* ou *hidari waki* em *chūdan* ou *gedan*.

Miyamoto Musashi, *Gorin no sho*

Me no Kubari　　　　　　　　　　O Uso dos Olhos

Heihō no metsuki　　　　　　　　*Os olhos no combate*

É importante manter os olhos em tudo, vendo de maneira abrangente e profunda.

Ao ver as coisas, temos *kan* e *ken*. *Kan* é penetrar na verdadeira natureza das coisas; *ken* é ver os fenômenos superficiais.

Julgar com justeza situações diferentes e apreender corretamente a natureza de fenômenos é um princípio secreto da arte da guerra. O segredo do sucesso é saber onde está a espada do inimigo sem olhar para ela, avaliar concretamente sua natureza e não ser enganado pelos seus movimentos.

É vital que a visão abranja os dois lados (direito e esquerdo) sem movimentar o globo ocular. Não é fácil chegar a esse domínio.

Miyamoto Musashi, *Gorin no sho*

Ma　　　　　　　　　　　　　　Distanciamento

Kokoro ni ma o tomezu　　　　　*Mente e distância: uma não*
ma ni kokoro o tomezu　　　　　*deve prender a outra*
Ma (distanciamento) é a chave para a vitória. Entretanto, se você iniciar o combate com um bom distanciamento, obviamente o inimigo fará o mesmo.

No seu estilo de luta, calcular *ma* é uma questão não apenas de distância e espaço mas de tirar proveito da relação entre energia e força e do ritmo do distanciamento. Sejam quais forem os perigos a enfrentar, aproveite toda abertura possível sem vacilar e tome a iniciativa para uma luta de vida e morte. Se a mente ficar presa em *ma*, será impossível o movimento livre. Se a mente não se preocupar com *ma*, o distanciamento correto será tomado inequivocamente. Quando nem *ma* prende a mente nem a mente prende *ma*, você consegue reagir a todas as mudanças naturalmente, e o estado do não-pensamento será alcançado.

Ma não é apenas a diferença entre perto e longe. Na vida, os pontos fundamentais de *ma* são perceber todas as situações de mudança, não deixar que o adversário tome a iniciativa; sempre manter a vantagem e antecipar a luta.

Kotōda Yahei, *Ittōsai sensei kempō sho*

Chansu o Ikasu   *Aproveite as Oportunidades ao Máximo*

Kao mo agesasezu uchi ni utte   *Golpear, sem deixar que o oponente levante o rosto*

Quer pareça possível ou não abater o oponente com um só golpe, ataque repetidamente sem deixar que ele levante a cabeça. As oportunidades de vitória são raras. Para não deixar essa oportunidade única escapar, para vencer com certeza, continue golpeando com vigor até derrubar o inimigo, física e mentalmente.

Yagyū Munenori, *Heihōka densho*

Semekomi   *O ataque*

Munen musō no uchi   *Livre de todas as idéias e pensamentos, ataque*

O oponente está prestes a atacar. Você está pronto para atacar. Seu corpo assume a posição de ataque. Sua mente se concentra no ataque. Seu braço está na posição mais natural. Com aceleração, grande força e rapidez, o golpe é desferido. Isto é o mais importante: *munen musō* (livre de todas as idéias e pensamentos), ataque. Para chegar a isso, o treinamento deve ser levado ao seu limite máximo.

Miyamoto Musashi, *Gorin no sho*

Sekka no atari   *O golpe do raio*

Eis o golpe do raio: quando a espada do inimigo e a sua espada chegam ao ponto de quase se tocarem, ataque com o máximo de força sem levantar a espada um mínimo que seja. Pernas fortes, corpo forte, braços fortes — essas três forças devem ser combinadas, e o golpe, desferido com rapidez. Isso só é possível com treino incessante.

Miyamoto Musashi, *Gorin no sho*

Hyōshi — Ritmo

Hyōshi o kokoroete
shōri o tsukamu

Compreenda o ritmo,
conquiste a vitória

Em tudo existe ritmo. A música e a dança têm seus ritmos harmoniosos e suaves. As artes marciais, o arco e flecha, o tiro ao alvo, a equitação — tudo tem ritmo e tempo certo. O ritmo das artes e das técnicas jamais pode ser ignorado, mas principalmente nas artes marciais o ritmo deve ser dominado por meio do treinamento.

Os ritmos da arte da guerra são vários. Antes de mais nada, é preciso fazer uma distinção entre os que são e os que não são adequados, e dentre os amplos e reduzidos, os lentos e os rápidos, conhecer aqueles que são compatíveis com os objetivos pessoais. É essencial conhecer os ritmos de distanciamento e os ritmos do adversário. De modo especial, se o praticante não dominar o ritmo invertido, seu treinamento será incompleto.

No combate, conheça o ritmo do inimigo, adote um ritmo que ele não possa antecipar, perturbe o ritmo dele e vença.

Miyamoto Musashi, *Gorin no sho*

Hyōshi o kuruwasete katsu

Embarace o ritmo, vença

Se o inimigo usar sua espada com um ritmo pausado, use um ritmo acelerado. Contra-ataque o ritmo acelerado dele com um ritmo pausado. O importante é compreender como tornar seu ritmo diferente do ritmo do inimigo, pois se os ritmos forem iguais será mais fácil para ele usar a espada. O segredo do combate consiste em vencer perturbando intencionalmente o ritmo e o tempo do inimigo.

Yagyū Munenori, *Heihōka densho*

2

KUZUSHI
VARREDURA DE PERNAS

KUZUSHI, VARREDURA DE PERNAS

Keinosuke Enoeda é famoso por façanhas que dão asas à imaginação. Usando a força das pernas e da região lombar, extremamente vigorosa, ele desfere golpes e chutes de grande impacto, difíceis de bloquear com simples táticas evasivas. Sua *ashi barai* (varredura de perna), feita com todo o corpo, é muito forte. Particularmente espantosa é sua habilidade de interpor-se com astúcia, segurar a perna de apoio de trás do oponente e arremessá-lo pelos ares.

O senso de oportunidade e do momento certo são fatores cruciais na *ashi barai* e no *kuzushi* (esmagar o inimigo). Se o oponente assumir uma postura bem equilibrada e sólida e uma posição estável, o praticante, por melhores que sejam seus objetivos, talvez não tenha condições de afetá-las, podendo até ser derrotado. Uma forma eficaz de evitar isso é aliciar o oponente e aproveitar o momento no início do seu movimento quando a mudança do centro de gravidade deixa seu equilíbrio muito instável. Isso requer que o praticante tenha uma noção e regulagem do tempo excelentes. Novamente, quando o oponente está respondendo ao seu ataque, pode surgir uma abertura para o *kuzushi*. Além disso, uma *ashi barai* pode ser eficaz quando o oponente ataca, sua perna dianteira pára e há um momento em que seu centro de gravidade se desloca para o tornozelo dianteiro. Outra maneira muito eficaz é arremeter no momento em que o oponente se posta e se interpõe (*karikomi*) com astúcia.

Como mostram seus antecedentes, Enoeda dominou essas táticas, e muitos adversários sentiram o sabor da derrota. Ele não chegaria a esse nível atual sem um treinamento intensivo, básico, de pernas e quadris, dia após dia.

Nas fotografias das páginas seguintes, o oponente de Enoeda é Fujikiyo Ōmura, um karateca com boas oportunidades de sucesso, boas técnicas de mãos e pernas e boas perspectivas.

1

2

3

5

6

1

2

4

5

Varredura das duas pernas Essa é uma varredura muito forte e eficaz, principalmente quando você pressiona o oponente e ele tenta recuar. Use a perna da frente e a de trás ao mesmo tempo para derrubá-lo. É difícil escapar dessa tática.

Forte varredura de perna No momento em que o oponente tenta esquivar-se do golpe que você lhe desfere, deslize para perto dele e pressione com a rótula a curva da perna do oponente. Ao término desse movimento, coloque o pé bem atrás do tornozelo dele.

1

3

Forte varredura de perna Mantendo a perna atrás do joelho do oponente para deter seu movimento, desfira um soco na direção do rosto dele, no momento em que ele perde o equilíbrio. Essa não é uma *ashi barai* verdadeira, mas é igualmente eficaz.

2

4

Giro de pernas em ashi barai O importante aqui é a noção do momento oportuno. A manobra acontece exatamente quando o oponente recua os quadris e desloca o centro de gravidade. Com os quadris abaixados, apóie firmemente o peso do corpo na perna da frente e ponha força no tornozelo de trás. Golpeie atrás do joelho do adversário.

Varredura com o calcanhar Quando você se projeta para um soco de estocada, o oponente muda para *hanmi*. Estire a perna da frente na direção do tornozelo dele. Enquanto varre com o pé, empurre o peito dele com o braço de ataque. A varredura com o pé (para dentro) e o empurrão com o braço (para fora) devem ser feitos ao mesmo tempo.

Segundo Torneio Internacional da Federação de Karatê Amador, Tóquio, 1977

3
TÉCNICAS DE MUDANÇA

TÉCNICAS DE MUDANÇA

Os movimentos de Toru Yamaguchi são rítmicos e brilhantemente ágeis; suas técnicas têm o gume de uma espada afiada. Induzir o oponente a esperar um chute, mas surpreendê-lo saltando alto e desferindo um soco ou um golpe é apenas um exemplo de uma série interminável de mudanças contra as quais é impossível manter-se alerta. Embora pareçam não ser planejadas, o improviso jamais faz parte dessas táticas; elas são resultado de uma avaliação precisa de todas as possibilidades imagináveis.

Movendo de modo quase imperceptível os braços ou as pernas, Yamaguchi pode neutralizar o impacto do golpe do adversário, reagindo imediatamente com uma técnica de contra-ataque. Ou pode perceber uma oportunidade para contra-atacar, aproveitando a abertura mais ínfima, confundindo o oponente e desferindo um golpe violento.

Além disso, seu *kamae* tem o toque da genialidade. Ele pode subjugar o mais forte dos adversários com a intrepidez de sua expressão. Ou, com expressão bem-humorada, pode conduzir suavemente o adversário e envolvê-lo no seu próprio ritmo.

Depois de vinte anos de treino, Yamaguchi é um especialista entre especialistas. Sua capacidade de antever os movimentos do oponente e de executar técnicas contínuas de maneira rápida, adequada e precisa é o resultado de um treinamento diário e constante nas técnicas básicas.

Mesmo no início do treinamento, executar técnicas pela metade é ineficaz. É necessário que as técnicas sejam executadas com determinação e de acordo com os movimentos do corpo.

Nas fotografias das páginas seguintes, o oponente de Yamaguchi é Yoshiki Satō. Karateca importante da região de Tohoku (norte do Japão), Satō executa suas técnicas multivariadas de maneira muito estimulante.

4

5

6

1

2

3

Técnicas de mudança Contendo um soco inverso, interrompa o movimento do oponente atingindo o lado interno do joelho dele com o punho direito. Desvie outros ataques com um punho direito ascendente; termine com um soco com a mão esquerda.

4

5

Varredura crescente Depois de bloquear com a perna um soco direto no nível médio, inverta a direção, mude de perna e contra-ataque com um chute para trás.

4

5

6

Contra-ataque com salto Para se defender de um ataque no nível superior, salte e golpeie o rosto, na maneira excelente aqui mostrada.

3

4

1

2

5

6

Contra-ataque detendo o movimento do oponente No mesmo instante em que o oponente desfere um ataque violento, baixe o corpo cruzando os joelhos, mude seu *kamae* de mão e golpeie levemente o joelho dele. Procure golpear com pouca força para não desfazer a postura do oponente. Golpear de leve é o segredo. Contra outros golpes, use um bloqueio de varredura com a mão esquerda.

3

4

7

8

9

10

Bloqueio em chute crescente, chute para trás Calculando o tempo do movimento com cuidado, desvie o chute do oponente com um *mikazuki-geri* (chute crescente). Dessa posição, gire completamente, mude de perna e desfira um chute para trás. Ao girar, é fundamental que o peso do corpo se desloque totalmente para a perna de apoio.

4

5

8 9

10

Pontos essenciais do chute crescente O peso do corpo se apóia totalmente na perna da frente. Os quadris não devem se elevar. O joelho gira alto e próximo do corpo. Desvie o pulso do adversário com a sola do pé. Chute na linha do braço estendido do oponente.

Mudança de perna de acordo com maai Quando a penetração do adversário é profunda, é provável que a perna de chute desça atrás da perna de apoio. (*Fotos da esquerda.*) Quando não é profunda, a perna desce um pouco à frente da perna de apoio. (*Fotos da direita.*)

Contra-ataque em salto O salto depende da flexibilidade dos joelhos e dos tornozelos. Como a margem de tempo para dobrar bem os joelhos e usar sua força propulsora é limitada, a flexibilidade dos tornozelos deve ser usada ao máximo. Erga bem os joelhos, levando-os ao peito.

4
CHUTE INCISIVO

CHUTE INCISIVO

São muito poucos os competidores que sabem usar ambas as mãos e ambas as pernas com a mesma habilidade de Masahiko Tanaka. No ataque, seus socos e chutes são sempre simultâneos. As armas principais são socos e chutes circulares; uma técnica extremamente eficaz contra adversários altos, difíceis de alcançar, é um *kizami-geri* (chute incisivo) hábil e vigoroso, executado com o pé da frente.

É necessário que o chute seja explosivo. Do contrário, mesmo um *oskikomi-geri* (chute pressionando) terá pouca força. Sem desenvolver a flexibilidade do joelho por meio de um treino diário, é impossível ter um chute forte e arrojado. Mas não é fácil treinar o corpo a não alterar a altura e a não curvar os quadris ao elevar a rótula até a altura do peito. Além disso, constituem ainda pontos importantes dobrar o tornozelo da perna de apoio, pressionar firmemente a sola do pé contra o solo para manter momentaneamente o equilíbrio e aplicar de modo eficaz a força propulsora do quadril, do joelho e do tornozelo do pé que chuta.

A técnica de Tanaka de trocar inesperadamente a perna da frente com a de trás e de desferir um chute incisivo, observada às vezes em torneios, é muito bonita. Mas sua habilidade não é inata. Ele passou por muitos testes, praticou sem queixas nem lamúrias e gradativamente chegou ao ponto em que usa os braços e as pernas de maneira quase perfeita. É gratificante testemunhar tamanha destreza e empenho, e espero que muitos jovens que praticam o karatê-dō descubram o segredo disso.

Nas fotografias das páginas seguintes, o oponente de Tanaka é Masao Kawazoe.

1

2

3

Chute incisivo Recue a perna da frente num movimento amplo e detenha o golpe desferido com o dorso do punho pelo oponente. Dessa postura, execute um chute vigoroso com a perna da frente, num contra-ataque impetuoso.

4

5

6

De soco a chute incisivo Achando uma abertura, lance-se para um soco direto. Aproveitando o momento em que o oponente recua, desfira um chute com a perna da frente para outro ataque.

3

4

5

Conduza o adversário e chute Alicie o adversário a avançar recuando o pé da frente; em seguida, desfira com esse mesmo pé um chute circular curto, mas forte. Essa tática é muito eficaz, mas somente se o chute for explosivo e se o equilíbrio for muito bom.

Mude os pés e chute Sem recuar os quadris, recue a perna da frente, troque imediatamente de perna e chute. (*Fotos do alto.*) A sensação deve ser a de recuar ligeiramente a perna. Se os quadris recuarem, o chute não será eficaz. (*Fotos acima.*) Levante bem o joelho da perna que vai desferir o chute.

Recuo da perna com chute incisivo Conduza o adversário, recuando a perna da frente. Quando a distância for adequada, levante repentinamente o joelho e chute. Do início ao fim do chute, o peso do corpo deve manter-se firmemente sobre a perna de apoio.

Mudança de pés Enquanto recua o pé da frente, induza o oponente a desferir um soco de estocada. Execute um chute incisivo quando a ocasião e a distância forem apropriadas. A perna recua, mas os quadris permanecem no lugar; a postura não deve mudar.

Chute incisivo após bloqueio Para se defender do soco de estocada do adversário, recue bem a perna da frente. O oponente desfere um soco com o dorso do punho. Enquanto você faz o bloqueio, desfira um chute incisivo com a perna da frente. As posturas ao bloquear e ao chutar são as mesmas. Os quadris não devem recuar.

 3
 4

 7
 8

 11

Chute incisivo após ataque Quando, para evitar sua arremetida, o oponente recua para desferir um soco de estocada, leve a perna recuada para a frente e dê com ela um chute incisivo. Deve-se levar a perna à frente e levantar o joelho de chute ao mesmo tempo para aproveitar o instante da melhor *maai*.

1

2

3

Use o tornozelo Além de levantar o joelho, de modo explosivo, é fundamental para o *kizami-geri* a contração do tornozelo e dos dedos do pé que chuta; com isso, o chute recebe força para romper um bloqueio parcial e alcançar o alvo. Embora seja raro, esse chute também pode ser dado com o dorso do pé.

5
RESPOSTAS

RESPOSTA AO SOCO E AO CHUTE

Masao Kawazoe e Yoshiharu Ōsaka dominam plenamente técnicas corretas e harmonizadas com as técnicas básicas. Kawazoe goza de especial reputação por seus chutes, que são fortes, bons, eficazes e extremamente explosivos; Ōsaka, por sua vez, é particularmente conhecido por seus socos, que são rápidos, pesados e demolidores. Ambos obtiveram excelentes vitórias em muitos torneios.

Logo depois de ataques impetuosos, é extremamente difícil responder com socos ou chutes que exijam uma mudança de postura, pois o equilíbrio se desfaz facilmente. Como é de se esperar quando um treinamento é levado a sério, esses dois karatecas mantêm sua forma — impedindo que ela se desorganize — e seu poder decisivo — impedindo que ele perca o seu vigor — enquanto executam todas as técnicas possíveis. Vê-los frente a frente é presenciar um espetáculo extraordinário.

Num combate, não é bom deixar-se levar por vitórias ou derrotas insignificantes. Praticando as técnicas fundamentais diariamente, um treinamento laborioso deve ser feito de maneira livre, plena e eficaz. Nunca se deve esquecer de perseguir a vitória final.

1

2

3

4

5

6

7

8

9

10

11

12

Golpe simultâneo Kawazoe dispara seu violento chute no instante em que Ōsaka desfere seu potente soco. O chute frontal de Kawazoe, utilizando ao máximo a força dos quadris, é maestria pura.

4

5

Golpe simultâneo. Os adversários atacam feroz e simultaneamente com socos invertidos, mas ambos se posicionam ligeiramente aquém do alvo. Mudando de pé, ambos soqueiam novamente, mas, sem atingir o alvo, recuam.

3

4

5

Golpe simultâneo Ambos atacam ao mesmo tempo. O bloqueio deslizante de Ōsaka, executado com a palma direita, desvia de leve, mas com muita eficácia, o punho de Kawazoe. De imediato, ele atinge a mandíbula de Ōsaka com o punho dianteiro. Mudar de pé e manter o equilíbrio perfeito é o supra-sumo de perícia.

3

4

Segundo Torneio Internacional da Federação de Karatê Amador, Tóquio, 1977

6
TÉCNICA DA ÚLTIMA OPORTUNIDADE

TÉCNICA DA ÚLTIMA OPORTUNIDADE

Mikio Yahara é um karateca cujo estilo arrojado de luta em meio ao ardor de um combate faz os espectadores conterem a respiração — dando saltos mortais para fugir do perigo, invertendo completamente a direção para transformar a defesa em ataque e assim por diante. Embora o seu ponto forte seja o chute, Yahara move os membros do corpo de maneira livre e apropriada numa grande variedade de técnicas. Como se pode ver por seus notáveis antecedentes, ele consegue controlar um adversário com golpes, socos e chutes.

Quando tudo indica que o oponente está prestes a ser derrotado com um golpe, Yahara inesperadamente muda para um soco com o dorso do punho ou para outras técnicas de ataque contínuo. Em resposta ao movimento, distanciamento e postura do oponente, um golpe pode tornar-se um soco ou um chute. Uma habilidade assim é sempre o resultado de um treino diário sério, em que o uso apropriado de *tai-sabaki* e das técnicas vai-se acumulando pouco a pouco e formando os elementos fundamentais do movimento.

A destreza de Yahara em aproveitar a oportunidade e aplicar com audácia a *kani-basami* (garra de caranguejo) é extraordinária. Essa é uma *sutemi waza* (técnica da última oportunidade). É inconcebível que esse movimento se origine de uma atitude irresoluta; a determinação é essencial. É uma grande conquista adquirir a capacidade de aplicar essa técnica, o que só é possível com um estado de espírito preparado para tudo.

Nas fotografias que seguem, o oponente de Yahara é Takashi Naito. Naito aprendeu a executar as técnicas com energia e destreza; e tem um futuro brilhante pela frente.

1

2

3

4

5

6

Garra de caranguejo Com a palma direita, bloqueie levemente o braço de ataque do adversário; ao mesmo tempo, gire o corpo para desferir um golpe vigoroso para trás com o cotovelo. Se perceber que essa manobra não surtiu resultado, leve o braço ao chão, atrás do oponente. Atinja o peito dele com o pé direito e a parte de trás do joelho com o esquerdo. Além de reflexos excelentes, essa técnica exige muito treinamento.

Chute circular para trás Ao arremeter para atacar com um chute frontal, deixe o pé de chute onde ele está; enquanto gira, desfira um chute circular para trás. Os elementos essenciais são a determinação e o equilíbrio.

3

4

7

Alto e baixo Diante de um chute frontal, salte sobre o adversário, gire e, enquanto se abaixa para se esquivar do seu chute circular, contra-ataque com seu próprio chute.

Girando para desferir um golpe para trás com o cotovelo Apoiando o peso do corpo sobre a perna dianteira, use-a como um pivô e gire os quadris como um pião (*mawarikomu*). Girar só as pernas é inútil. A condição *sine qua non* para o equilíbrio é manter os quadris no mesmo nível da perna.

Pontos essenciais da garra de caranguejo Use a perna esquerda como apoio e gire a perna direita pela frente. Ao mesmo tempo, coloque a mão no chão. Enquanto o corpo cai, use ambas as pernas como tesoura; a esquerda contra a parte posterior das pernas do adversário, a direita contra o peito dele. Isso exige discernimento instantâneo.

Deslizamento para dentro Atento para perceber o instante em que o oponente chuta, deslize para dentro, baixando o corpo. Ao mesmo tempo, chute para *kime*. A sensação deve ser a de comprimir a cabeça entre as pernas do adversário. Essa manobra será totalmente ineficaz se você apenas baixar o corpo para evitar o chute.

7
TÉCNICAS CONTÍNUAS

TÉCNICAS CONTÍNUAS

Hiroshi Shōji pertence ao pequeno número de karatecas que formam o elo de ligação entre as antigas e as novas gerações do karatê-dō. Ele domina o "combate real", as técnicas fundamentais, baseadas em uma longa tradição, mas também pertence ao mundo do karatê competitivo, que surge como uma brisa fresca. Como competidor, seu excelente currículo põe em evidência duas vitórias obtidas em campeonatos de kata.

As técnicas empregadas por Shōji são corretas, sólidas, vigorosas e decisivas, constituindo a essência das técnicas do karatê. No kumite, Shōji é impressionante; usa técnicas básicas com agilidade, força e liberdade em todas as direções. Inesperadamente, ele pode apresentar-se para o combate saltando de longe, e atacar com técnicas vigorosas e abertas. Quando essas se mostram ineficazes, ele se esgueira para dentro e muda para golpes com o dorso do punho ou com o cotovelo, ou para outras técnicas mais fechadas, sem dar ao adversário tempo para se recuperar. Movimentos verticais vigorosos, movimentos laterais rápidos, movimentos giratórios suaves, *tai-sabaki* e outros movimentos do corpo são todos magníficos. Sua respiração no momento de aplicar uma técnica também é exemplar.

Nas fotografias das páginas seguintes, o oponente de Shōji é Toru Yamaguchi.

1

4

5

6

7

2

3

1

2

3

Varredura de perna de dentro para fora Reaja ao soco invertido do adversário girando os quadris e ao mesmo tempo desferindo um soco direto. Se essa tática não der resultado, use a perna traseira para fazer uma varredura no joelho da frente do oponente, de dentro para fora. Ele não terá outra alternativa senão cair. Essa é uma técnica de surpresa muito eficaz.

4

5

6

1

2

3

Mudança de pernas e golpe Os socos invertidos são fortes, mas ambíguos para ambas as partes. Mude instantaneamente de pés para desferir um soco decisivo com o dorso do punho. Como se pode ver aqui, a posição do corpo, o equilíbrio e a noção do momento certo para aplicar a técnica, enquanto se muda a posição dos pés, mostram a habilidade do experiente karateca.

4

5

6

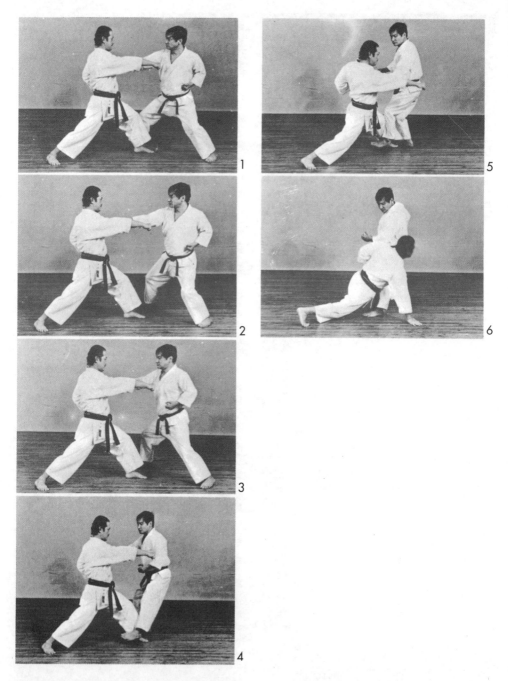

Pontos essenciais da varredura de perna de dentro para fora Depois de uma troca de socos, o pé da frente se volta ligeiramente para fora ao pisar no chão, e o pé de trás se desloca para atingir o tornozelo do adversário. Os movimentos da perna de apoio e da perna de varredura devem ser simultâneos. Convém atingir o tornozelo num ponto baixo.

Mudança de pés e golpe Depois de trocar socos não decisivos, recue rapidamente o pé da frente, troque de pé e mude de postura enquanto desliza o pé para a frente para desferir um soco com o dorso do punho. Além do equilíbrio, é fundamental não recuar os quadris junto com a perna. Isso altera o *maai*, deixando-o exposto para um ataque.

Treino em mudança de pé, golpeando Ao recuar, a posição dos quadris não deve se alterar. Ao golpear, o pé de trás deve manter-se firme, os quadris devem projetar-se para a frente e o movimento da mão que recua precisa ser suficientemente amplo.

1

2

3

4

5

6

Treino em varredura de perna, de dentro para fora O peso do corpo deve estar sobre a perna de trás. Use a sola do pé da frente como se estivesse varrendo o assoalho. Leve-o para trás num movimento ascendente. Se a altura dos quadris se alterar, o karateca perderá o equilíbrio.

8

KIME DE BLOQUEIO

KIME DE BLOQUEIO

As verdadeiras técnicas de bloqueio do karatê não terminam simplesmente com o bloqueio de um ataque; de acordo com o modo como o bloqueio é usado, ele pode ser um vigoroso *kime-waza* (técnica decisiva). *Uke kime ichijo: Uke* e *kime* são uma coisa só. Essa é a característica que, mais do que qualquer outra, diferencia o karatê das outras artes marciais. Com um bloqueio apenas, braços e pernas transformados em aço pelo treino diário podem causar um tremendo impacto no adversário e abalar sua vontade de lutar.

Ser capaz de se proteger sem causar nenhum dano à vida humana é a própria essência do karatê-dō, e pode-se dizer que esse é também o objetivo de todas as artes marciais.

Nos últimos anos, as competições se popularizaram em toda parte. As pessoas dão muita importância ao fato de ganhar pontos e concentram as energias em *henka waza, renzoku waza, tai-sabaki, deai,* etc., e a fazer grandes progressos por meio da habilidade. Tudo isso é bom, desde que não se perca o espírito do karatê. Perder esse espírito seria profundamente lamentável.

Antigamente, quando as pessoas consideravam o karatê um conjunto de técnicas de luta, havia um lema, *ikken hissatsu*: matar com um só golpe. O fato de que *uke* é também *kime* está implícito nessa máxima.

Devemos prestar muita atenção a esse ponto, promover e realizar competições com seriedade, compreender a natureza do karatê-dō e transmitir essas coisas aos que se dedicarão ao karatê no futuro.

Nas fotografias a seguir, meu oponente é Yoshiharu Ōsaka.

Uke wa kime nari O bloqueio se torna a técnica decisiva. Essa é a divisa do karatê-dō Shōtō-kan. De acordo com o uso que se faz dele, o bloqueio pode tornar-se um ataque vigoroso. O fator importante, juntamente com a perna que avança e a postura, é a decisão.

1

2

3

4

1

2

3

4

Ataque supressor Quando um ataque é dirigido ao seu plexo solar, perceba o momento em que ele começa. Da posição da água corrente (*mizunagare kamae*, ver Vol. 2), pressione para baixo o braço ativo do oponente e golpeie-o no abdômen.

1

2

Bloqueio com a mão em espada, golpe com o cotovelo Contra um ataque de nível médio, deslize um passo na direção do adversário. Pelo lado de dentro do braço que ataca, ao mesmo tempo que toca os olhos com a ponta dos dedos, gire o braço e bloqueie o pulso do oponente. Imediatamente desfira um golpe no plexo solar dele com a parte da frente do cotovelo. Tudo isso faz parte do bloqueio comum com a mão em espada.

4

5

6

1

2

Bloqueio de nível médio, de fora para dentro, golpe com o cotovelo
Deslize um passo na direção do adversário e gire o punho por fora, golpeando o oponente logo abaixo do nariz. Continue bloqueando com um golpe no seu braço. Dessa posição, golpeie com o cotovelo. É importante executar a técnica enquanto gira o braço num círculo amplo.

3

4

5

6

1

2

Golpe lateral com o cotovelo Enquanto desliza rapidamente para *hanmi*, apare o braço ativo do adversário e golpeie debaixo da sua axila com o cotovelo.

Bloqueio deslizante, soco Como se estivesse esticando o cotovelo para dentro do braço ativo do oponente, use a mão em lança de dois dedos ou o punho que está na frente contra os olhos ou contra o ponto logo abaixo do nariz do adversário.

Bloqueio ascendente, golpe com a mão em bastão Penetrar no campo de um ataque exige arrojo. Mantenha os quadris baixos, o pé de trás apoiando com firmeza e o corpo na diagonal. Você ainda deve ter força para golpear para o lado do corpo com a mão-bastão (*shubō*) ou com o cotovelo. Dobrar os quadris ou inclinar-se é fatal.

1

2

3

4

5

Bloqueio circular com a mão em espada No início do ataque do adversário, deslize a perna dianteira para a forma *hangetsu* (meia-lua). Ao mesmo tempo, desloque o peso para a perna da frente e gire a mão em espada. Dessa posição, bloqueie o braço ativo do oponente. Ao mesmo tempo que traz o adversário para perto de você, gire os quadris e ataque com o cotovelo. Gire a mão em espada em harmonia com a rotação dos quadris.

3

4

7

8

Ataque supressor Para neutralizar um ataque, é preciso agir exatamente quando o adversário ataca; assim, é necessário estar determinado a se envolver em ataques simultâneos. Termine o confronto rapidamente com um golpe potente contra o cotovelo do adversário, usando a mão-bastão.

Bloqueio deslizante, soco Quando se está prestes a receber um ataque, deslize o braço pelo braço de ataque do oponente e estique o cotovelo para projetar um punho decisivo ou a mão em lança contra o rosto dele. É importante projetar os quadris para a frente com arrojo enquanto se assume a posição semivoltada para a frente.

3

6

Treino em bloqueio circular com a mão em espada A partir de *hanmi*, deslize o pé dianteiro na forma *hangetsu*. Enquanto assume uma posição frontal (peso na perna da frente), efetue um giro amplo com a mão em espada, a partir de dentro, simultaneamente com a rotação dos quadris. Ao mesmo tempo, execute um *kime* com o punho ou cotovelo direito.

5

6

7

1

2

3   4

Treino em bloqueio circular, de fora para dentro Enquanto dá um grande passo à frente com o pé de trás, gire o punho direito num grande círculo, simultaneamente com a rotação dos quadris. Dobre o cotovelo para um bloqueio de nível médio. Enquanto assume a posição do cavaleiro, execute um *kime* com um golpe do cotovelo.

5 6

7

GLOSSÁRIO

age-uke shubo uchi: bloqueio para cima, golpe com a mão em bastão, 132

ai-uchi: golpe simultâneo, 80, 82, 84 136

ashi barai: varredura de perna, 28, 34, 36, 38

ashi fumikae: mudança de pernas, 57, 67, 69, 84, 110, 114, 116

budo: artes marciais, 22, 120

choku-zuki: soco direto, 36, 48, 64, 108

choyaku hangeki: contra-atacar pulando, 50, 58

chudan-gamae: postura de nível médio, 23

chudan soto uke: bloqueio de nível médio, de fora para dentro, 128

deai, 120

deai osae: ataque supressor, 124, 136

gedan-gamae: posição de bloqueio para baixo, 23

go no sen: tomar a iniciativa depois, 19, 21

goshin: autodefesa, 21

gyaku-zuki: soco invertido, 46, 82, 108, 110

hangetsu kata: postura da meia-lua, 134, 140

hanmi: posição semivoltada para a frente, 18, 39, 130, 140

henka waza: técnicas de mudança, 120

hidari waki-gamae: postura para o lado esquerdo, 23

hiji-ate: golpe com o cotovelo, 126, 128

hiki-te: mão que recua, 116

hyoshi: ritmo, 26

ichibyoshi: num só fôlego, 21

ikken hissatsu: matar com um golpe, 11, 120

jissen: luta real, 17, 104

jodan-gamae: postura de nível superior, 23

kake, 21

kamae: postura, 16, 19, 23, 42

kamaekata: 18

kan, 24

kani-basami: garra de caranguejo, 88, 92, 101

karikomi: invadir, penetrar, 28

ken, 24

kime: arremate, finalização; instante do golpe em que toda a energia mental e física se concentram, 11, 17, 102, 140

kime-waza: técnica decisiva, 21, 120

kizami-geri: chute incisivo, 60, 74

kokyu: respiração (ritmo), 17, 104

kuzushi: esmagar (o inimigo), 21, 28

maai (ma): distância, 17, 19, 20, 24, 57, 72, 114

mae hiji-ate: golpe com o cotovelo para a frente, 126

mawarikomi: girar (como um pião), 100

mawashi-geri: chute circular, 66, 98

mawashi shutō uke: bloqueio circular com a mão em espada, 134, 140

me no tsukekata: ação de fixar os olhos, 18

migi waki-gamae: posição do lado direito, 23

mikazuki barai: varredura crescente, 48

mikazuki-geri: chute crescente, 54, 56

mikazuki-geri barai: bloqueio de chute crescente, 54

mizu-nagare kamae: posição da água corrente, 124

moroashi-gari: varredura de duas pernas, 39

munen musō: livre de todas as idéias e pensamentos, 25

nagashi-uke: bloqueio deslizante, 84

oi-zuki: soco de estocada, 39, 69, 70, 72

oshikomi-geri: chute pressionando, 60

randori: luta no judô, 17

renzoku waza: técnicas contínuas, 120

sen no sen: tomar a iniciativa antes, 19

shizen kumite: kumite natural, 18

shubō uchi: golpe com a mão em bastão, 132

shutō uke: bloqueio com a mão em espada, 126

soto mawashi uke: bloqueio circular, de fora para dentro, 142

suberikomi: ação de deslizar, 102, 126

sun-dome: deter uma técnica, 11

suri-uke tsuki: bloqueio deslizante, soco, 131, 138

sutemi waza: técnica da última oportunidade, 88

tachikata: posição, 18

tai-sabaki, 17, 20, 21, 88, 104

uchi ashi barai: varredura de perna, de dentro para fora, 108, 112, 118

uke-kime: ação de bloquear e finalizar, 120

uke kime ichijo: uke e kime são uma só coisa, 120, 121

unsoku: movimento da perna, 20

uraken-uchi: golpe com o dorso do punho, 62, 110, 114

ura-zuki: soco de perto, 46

ushiro-geri: chute para trás, 48, 54

ushiro hiji-ate: golpe para trás com o cotovelo, 92, 100

ushiro kakato barai: varredura para trás com o cotovelo, 39

ushiro mawashi-geri: chute circular para trás, 96

waza o hodokosu kōki: momento psicológico para executar uma técnica, 19

yoko hiji-ate: golpe lateral com o cotovelo, 130

zenkutsu-dachi: posição avançada, 140

Phoenix, Arizona, 1974

O MELHOR DO KARATÊ – 1
Visão Abrangente. Práticas

M. Nakayama

Este volume, organizado por Masatoshi Nakayama, apresenta todos os pontos básicos do karatê, organizados sistematicamente para um aprendizado eficiente passo a passo. O livro mostra as partes do corpo usadas como armas naturais, os golpes, como defender-se, como atacar, além de uma introdução ao kata e ao kumite.

O autor também não se esqueceu de alertar o praticante quanto à perfeição que tem de ser atingida em dois aspectos, o espiritual e o físico, se ele verdadeiramente quiser se tornar um verdadeiro adepto do karatê-do.

Neste volume, os fundamentos apresentados de forma concisa e precisa são o resultado da experiência do autor na arte da defesa pessoal durante quarenta e seis anos de prática.

* * *

Através de seus livros, **Masatoshi Nakayama** continua divulgando a tradição do seu mestre, Gichin Funakoshi, considerado o pai do karatê moderno.

Professor e diretor de educação física na Universidade Takushoku, Nakayama foi instrutor-chefe da Associação Japonesa de Karatê de 1955 até 1987, ano em que faleceu. Faixa preta de nono grau e figura conhecida nas competições, foi dos primeiros a enviar instrutores para fora do Japão e a incentivar o desenvolvimento do karatê como esporte, proporcionando-lhe uma base científica.

EDITORA CULTRIX

Italy, 1975

O MELHOR DO KARATÊ - 2
Fundamentos

M. Nakayama

Neste volume, o segundo da série *O Melhor do Karatê*, Masatoshi Nakayama, além de continuar a explicar as regras básicas que devem ser postas em prática quando se executa o kata ou se aplica o kumite, destaca os princípios físicos e fisiológicos da fonte do karatê e a concentração de força, golpes, forma, estabilidade, técnica e movimento em todas as direções, que são aspectos básicos e abrangentes do treinamento.

A prática deve ser constante e diligente, e não precipitada, e o fortalecimento do corpo deve ser feito gradualmente, dando-se grande destaque à elasticidade dos músculos.

* * *

Masatoshi Nakayama continua divulgando a tradição do seu mestre, Gichin Funakoshi, considerado o pai do karatê moderno.

Professor e diretor de educação física na Universidade Takushoku, Nakayama foi instrutor-chefe da Associação Japonesa de Karatê de 1955 até 1987, ano em que faleceu. Faixa preta de nono grau e figura conhecida nas competições, foi dos primeiros a enviar instrutores para fora do Japão e a encorajar o desenvolvimento do karatê como esporte, dando-lhe base científica.

EDITORA CULTRIX

Tokyo, 1977

O MELHOR DO KARATÊ - 3
Kumite 1

M. Nakayama

No kumite (luta), as técnicas básicas são aguçadas, e o movimento do corpo e o distanciamento se adquirem por meio da prática. Este volume explica os tipos e o significado do kumite e a relação entre o kumite *jiyu* e o treinamento básico nos fundamentos.

As demonstrações são feitas por instrutores da Associação Japonesa de Karatê.

* * *

Masatoshi Nakayama continua divulgando a tradição do seu mestre, Gichin Funakoshi, considerado o pai do karatê moderno.

Professor e diretor de educação física na Universidade Takushoku, Nakayama foi instrutor-chefe da Associação Japonesa de Karatê de 1955 até 1987, ano em que faleceu. Faixa preta de nono grau e figura conhecida nas competições, foi dos primeiros a enviar instrutores para fora do Japão e a incentivar o desenvolvimento do karatê como esporte, proporcionando-lhe uma base científica.

"Esta série ensina todos os aspectos da arte do karatê."
Library Journal

EDITORA CULTRIX

Japan, 1977

O MELHOR DO KARATÊ - 5
Heian, Tekki

M Nakayama

Kata, os exercícios formais do treinamento do karatê, constituem a essência da prática em Okinawa e na China e são o centro do método do treinamento atual

Detalhados aqui numa seqüência de 1500 fotografias, estão os cinco Heian e os três Tekki kata, cujo domínio é necessário para obter o primeiro dan.

Os exercícios são demonstrados pelo autor Masatoshi Nakayama, e por Yoshiharu Osaka.

O treinamento intensivo, mental e físico, é o pré-requisito para se adquirir a capacidade de controlar os próprios movimentos, e essa, por sua vez, é a marca do competidor capaz. Exatamente como em outros esportes e artes marciais, o domínio dessas técnicas básicas só é conseguido mediante um treinamento constante e uma dedicação exemplar

* * *

Masatoshi Nakayama continua divulgando a tradição do seu mestre, Gichin Funakoshi, considerado o pai do karatê moderno.

Professor e diretor de educação física na Universidade Takushoku, Nakayama foi instrutor-chefe da Associação Japonesa de Karatê de 1955 até 1987 ano em que faleceu. Faixa preta de nono grau e figura conhecida nas competições, foi dos primeiros a enviar instrutores para fora do Japão e a encorajar o desenvolvimento do karatê como esporte, dando-lhe uma base científica.

EDITORA CULTRIX

OS SEGREDOS DO AIKIDŌ

John Stevens

Morihei Ueshiba, o fundador do Aikidō, certa vez disse a um grupo de alunos veteranos: "Venham ao *dojō* amanhã de manhã, às cinco horas; vou revelar-lhes os segredos do Aikidō." No dia seguinte, os alunos chegaram na hora marcada, esperando ansiosamente a revelação de um segredo que os tornaria invencíveis como o mestre – então eles seriam capazes de enfrentar dez oponentes ao mesmo tempo e de imobilizar o adversário mais forte com um único dedo. Morihei pediu aos alunos que se sentassem e começou a expor os segredos do Aikidō. Empregando um simbolismo vibrante, alegorias encantadoras e associações estimulantes, por mais de uma hora Morihei discorreu sobre temas como a criação do universo, o poder vivificante dos sons-espíritos, a alquimia sutil do fogo e da água, a necessidade de serenar o espírito e de retomar à Fonte, a natureza transformadora da mente e a unificação do corpo, e sobre outros mistérios que faziam parte de sua experiência pessoal. Inesperadamente, ele sorriu com suavidade e concluiu: "Esses são os segredos do Aikidō." Fez então uma profunda reverência diante do altar do *dojō*, saudou os presentes e se retirou rapidamente da sala.

Os alunos ficaram desnorteados com as palavras do mestre. Os que tinham a expectativa de aprender alguma proeza extraordinária ou de receber as palavras de uma fórmula mágica estavam ressentidos: "Ele não nos mostrou nada – nem uma única técnica, e nada de concreto que se possa usar!"

A intenção de Morihei fora a de revelar o Aikidō como uma epifania profunda e maravilhosa, e não como um mero sistema de empurrões, de bloqueios e de imobilizações. Morihei quis dizer que, se o praticante não apreender a essência do Aikidō, as técnicas jamais se transformarão em vida.

EDITORA PENSAMENTO

TAI-CHI CHUAN –
Arte Marcial, Técnica da Longa Vida

Catherine Despeux

O Tai-chi Chuan – ou Taiji quan — classificado pelos chineses entre as artes marciais, tinha na antigüidade chinesa um significado mais amplo que o atual e indicava igualmente a força de uma pessoa, sua bravura e habilidade.

A partir do século XX, porém, foi mudando de natureza e passou a ser cultivado, tanto na China como no Ocidente, com dois objetivos principais: como disciplina psicossomática e como arte marcial, embora sob este último aspecto seja menos conhecido no Ocidente.

Definido modernamente como "a arte da meditação em movimento", os movimentos flexíveis e lentos do Tai-chi Chuan promovem a harmonização das energias Yin e Yang através da coordenação entre consciência e respiração, libera as tensões corporais, e seu efeito terapêutico se faz sentir tanto sobre a saúde física como sobre a saúde mental.

Além disso, por utilizar e desenvolver a energia interior, essa antiga arte marcial se aparenta com as técnicas taoístas de longevidade, razão pela qual também é chamada de "a arte da longa vida".

EDITORA PENSAMENTO

O ESPÍRITO DO AIKIDŌ

Kisshōmaru Ueshiba

Este é o livro mais importante sobre Aikidō já publicado no Ocidente até a presente data. Seu autor, Kisshōmaru Ueshiba, atual líder mundial dessa arte e filho do fundador, sem dúvida alguma é a fonte mais credenciada para se conhecer em profundidade o pensamento do grande mestre Morihei Ueshiba.

Nesta obra, em que pela primeira vez se revela toda a base filosófica e teórica que sustenta essa fantástica arte, mostra-se como os ensinamentos do Aikidō são um remédio salutar para os problemas que a humanidade está enfrentando neste final de século, constituindo uma proposta valiosa para a criação de um ser humano mais atento ao meio em que vive e mais consciente da importância da sua interação com o universo.

EDITORA CULTRIX